RÉFORME ÉLECTORALE

ET

ÉLECTIONS SUIVANT LA CHARTE.

CET OUVRAGE SE TROUVE AUSSI CHEZ LES LIBRAIRES
CI-APRÈS :

A Lyon, — Ayné fils.
A Grenoble, — Rey-Giraud.
A Valence, — Chenevier et Combier.
A Tournon, — Ferrand.
A Crest, — Imbert.
A Die, — Richaud.
A Montélimart, — Bourron.
A Nions, — Gros.
A Romans, — Phèdre, Girard.

LYON. — IMPRIMERIE DE BOURSY FILS, RUE DE LA POULAILLERIE.

RÉFORME ÉLECTORALE

ET

ÉLECTIONS

SUIVANT LA CHARTE.

Par Durand.

PARIS,

CHEZ LES MARCHANDS DE NOUVEAUTÉS.

1839.

Dans les sociétés bien constituées, trois intérêts, qui embrassent ceux de tous leurs membres, doivent toujours trouver des défenseurs pour le bonheur des peuples. — Ces intérêts sont :

1º Celui du gouvernement.

2º Celui de l'aristocratie.

3º Celui de la démocratie.

Si dans la confection des lois le gouvernement n'avait pas de défenseurs de ses droits, l'unité d'action, qui fait la force des états, disparaîtrait aussitôt. Une multitude de volontés divergentes remplacerait cette unité d'action, et, en divisant cette force, l'affaiblirait nécessairement. Ces volontés en sens divers l'anéantiraient si elles étaient opposées, ou produiraient la guerre civile.

Si l'aristocratie n'y était pas représentée, le despotisme

s'ensuivrait, au cas où le gouvernement viendrait à l'emporter sur la démocratie : ce serait l'anarchie dans le cas où cette dernière deviendrait prépondérante.

Si la démocratie n'y avait pas de défenseurs, ceux qui la composent, et qui, par leur travail, font prospérer les états auxquels ils procurent tous les besoins et commodités de la vie, seraient opprimés par le despotisme, dans l'hypothèse où le gouvernement prévaudrait sur l'aristocratie, et, dans l'hypothèse contraire, par les grands dont la verge de fer, s'appesantissant sur un plus grand nombre comme au temps des fiefs, en ferait bientôt des esclaves. — Si le gouvernement et l'aristocratie se liguaient contre la démocratie, les intérêts de cette classe de la société seraient envahis, et le fruit de ses sueurs serait dévoré par les deux premières classes, qui finiraient par ne lui laisser que le plus strict nécessaire, avec le moins possible de libertés.

Dans tous les cas, la classe qui dominerait marquerait de son sceau toutes les lois, parce que tous les pouvoirs tendent naturellement à s'accroître.

Tout gouvernement où ces trois intérêts ne sont pas protégés également porte avec lui le germe de sa destruction ; et jamais, au contraire, il n'est arrivé qu'aucun ait péri, par une secousse provenant de l'intérieur de l'état, tant qu'ils ont été ainsi respectés.

Le bonheur des peuples résulte dès lors du contre-poids entre les intérêts du gouvernement, de l'aristocratie et de la démocratie, et pour le fixer dans la société, il est indispensable que chacun d'eux trouve des défenseurs, ainsi que je l'ai d'abord annoncé. Quand tous les intérêts sont en présence, ils sont tous contenus dans leurs justes bornes. C'est ainsi que se soutient le monde physique : l'équilibre seul assure son existence.

C'est ce qu'a voulu la charte de 1830 ; mais est-ce bien là ce qui se pratique en France ? Je ne balance pas à répondre *non*. Je prie mon lecteur de peser mes observations avant de repousser ma réponse. Ces observations me sont suggérées par le désir de voir les Français unis et heureux, et plus dévoués à leur gouvernement. Je voudrais, en un mot, consolider davantage le bonheur et la royauté en France.

En répondant *non*, je parle sous le rapport des intérêts démocratiques, car les intérêts du gouvernement et ceux de l'aristocratie ne manquent pas de défenseurs.

Il est reçu que le gouvernement fait les propositions de lois; il les fait soutenir par des hommes habiles, ministres, conseillers d'état, maîtres des requêtes et commissaires spéciaux, entourés de documents de toute espèce qu'il a seul en son pouvoir. Il peut, à son gré, dissoudre la chambre des députés. Il a entre les mains tous les moyens de se créer des partisans parmi ceux qui sont appelés à concourir avec lui à la formation des lois.

L'aristocratie est représentée par la chambre des pairs, et sa force est accrue de celle que lui prête naturellement la chambre des députés, qui ne peuvent être choisis que parmi les contribuables payant au moins 500 francs de contributions directes, et qui appartiennent ainsi à la haute aristocratie.

Je cherche vainement les défenseurs chargés des intérêts de la démocratie, ils n'existent nulle part; elle est sans représentation qui tire d'elle son origine, puisqu'elle ne concourt point à l'élection des députés.

J'ai dit que la charte a voulu que tous les intérêts fussent représentés. Je vais démontrer cette proposition.

La chambre des députés, nommée qu'elle est par les plus imposés en nombre très-circonscrit, et prise parmi les plus forts censitaires, ne représente, on en conviendra, que l'aristocratie. Mais cette classe étant déjà représentée par la chambre des pairs, une seconde chambre aristocratique serait un non-sens. L'intention de la charte, en fondant une chambre des députés, était donc évidemment qu'elle prît sa naissance dans la démocratie, attendu que c'est le seul moyen naturel qu'il y ait de la représenter. C'est donc uniquement pour qu'elle le fût qu'elle a institué cette chambre. Si la chambre élective n'avait pas cet objet, elle n'en aurait aucun, car, en état, elle n'est que la doublure de la chambre des pairs.

La charte de 1830 est greffée sur le principe de la souveraineté nationale, et il est l'unique origine du gouvernement actuel. Ce principe, qui est fondé en raison, parce que tout émane et procède de la nation, n'est pas un mot sans valeur : il emporte forcément la réalité. Or, il n'est qu'une circonstance où la nation puisse exercer la souveraineté ; c'est alors qu'il s'agit de faire l'élection des députés. Il tombe sous le sens que, puisqu'elle est souveraine, elle doit procéder à cette élection. Eh bien ! il n'en est rien. La loi du 19 avril 1831, ouvrage des plus imposés, n'admet à y concourir que les 170,000 plus forts contribuables, comme s'ils composaient à eux seuls la nation dont ils ne sont pourtant qu'une minorité imperceptible dans une population de 33 millions d'âmes. Cette loi contient une véritable usurpation des droits nationaux au profit de l'aristocratie.

Il est de principe qu'on ne peut représenter que ceux dont on a reçu mandat. Aussi l'article 1984 du code civil définit-il le mandat un acte par lequel une personne donne à une autre le pouvoir de faire quelque chose *pour le mandant et en son nom.* Il est donc bien positif que des députés dont l'élection est dévolue à un nombre très-borné de contribuables ne représentent que ceux qui y ont concouru, et nullement la nation dont ils n'ont reçu aucun pouvoir, et qu'il n'existe pas dès lors en France de véritable représentation nationale.

L'article 1er de la charte, qu'on a placé en tête sans doute à cause de son importance, dispose que *tous les Français sont égaux devant la loi.*

Cet article impose des limites à la législature, et lui défend de rendre des lois qui soient en opposition avec ce principe.

Et cependant la loi électorale remplace par l'exception le droit commun que cet article établit, en attribuant exclusivement aux 170 mille plus imposés le caractère d'électeur, et frappant par là d'interdiction politique tous les autres citoyens. Il est évident que cette loi anéantit ce principe d'égalité que les Français considèrent, à juste titre, comme le plus précieux de leurs droits.

La justice distributive exige, pour être administrée avec équité, que tous les intéressés soient entendus. Aussi, dans toutes les actions soient civiles soit criminelles, les tribunaux entendent-ils toujours toutes les parties. Et la loi électorale, lorsqu'il s'agit des grands intérêts sociaux, bien autrement essentiels, refuse d'entendre la généralité des Français qui n'ont pas même le droit de nommer un seul député pour la défense de leurs intérêts. Elle porte ainsi une atteinte bien grave à la justice distributive.

Le législateur qui a fait cette loi aurait concilié tous les principes en établissant deux degrés d'élections ; et la France ne sentirait pas le grand malaise qui la tourmente. Mais on a repoussé ce système sous le prétexte de l'insuffisance de capacité chez ceux qu'on a privés de tous droits politiques, capacité que l'on a prétendu n'exister que dans la classe la plus imposée. L'on a dit aussi que cette classe offre seule des garanties d'ordre et de tranquillité.

Examinons ces deux propositions :

1.º INSUFFISANCE DE CAPACITÉ.

La propriété est à la vérité une présomption de capacité, mais elle est loin d'en être une preuve ; et il suffit souvent d'être riche pour se croire dispensé de travailler à acquérir beaucoup de connaissances, parce qu'on n'en éprouve pas le besoin. En effet, combien dans la classe des plus imposés n'y

a-t-il pas de personnes qui n'ont presque point de connaissances, et surtout de connaissances solides !

Depuis un très-grand nombre d'années les pères de famille
de toutes les classes font tous les sacrifices qui dépendent
d'eux pour donner à leurs enfants le plus d'instruction possible. Le gouvernement et les communes rivalisent de zèle pour
propager l'enseignement, en sorte qu'il est un nombre in-
fini de citoyens très-éclairés qui, ne payant pas 200 fr. de
contributions directes, sont exclus de toute participation à la
nomination des députés, alors que la loi électorale va jusqu'à
admettre les imbéciles qui ne sont pas interdits, mais qui
mériteraient de l'être, et tous les hommes, si réprouvés soient-
ils par l'opinion publique, par cela seul qu'ils paient le cens
voulu.

Si l'on veut sincèrement composer le corps électoral des
gens instruits, qu'on y reçoive tous les contribuables, afin de
profiter de toutes les capacités. Les citoyens, au surplus, n'ont
pas besoin de tant de lumières pour choisir des électeurs.
N'ont-ils pas le plus grand intérêt à être bien régis ? Ne sont-
ils pas à portée de connaître leurs concitoyens, et de prendre,
au besoin, des renseignements à leur sujet ? Ces motifs ne
sont-ils pas une sûre garantie de la bonté des choix qu'ils feraient ? Prétendre que le hasard de la fortune est meilleur
juge qu'eux, n'est-ce pas une absurdité ? C'est pourtant ce
que fait la loi électorale.

Les électeurs du deuxième degré que les contribuables auraient investis de leur confiance, s'en rendraient dignes, en
n'appelant à la députation que les hommes qui se seraient
montrés l'élite de la nation par leurs vertus et leurs talents.

Au surplus, il ne faut pas croire que les hommes qui ont
le plus d'esprit soient toujours les plus aptes à l'élection
et les plus propres à la députation. Il y en a parmi eux qui ne
brillent que par leurs connaissances métaphysiques, et qui
manquent d'un jugement sain, parce qu'ils n'ont exercé leur

esprit que sur des choses abstraites ; il en est aussi parmi eux qui ne font pas un digne usage de leurs talents. Les uns et les autres sont également nuisibles aux intérêts généraux, et le système d'élection à deux degrés en ferait justice, parce qu'on aurait plus d'égards pour le vrai mérite.

2° GARANTIES D'ORDRE ET DE TRANQUILLITÉ.

La masse des contribuables est nécessairement attachée à l'ordre et à la tranquillité qui seuls peuvent faire son bonheur. Une nation ne ressemble pas à un parti ; elle veut essentiellement le triomphe des intérêts généraux qui sont les siens ; et, avec ce triomphe, la paix intérieure ne peut être troublée, par la raison que la volonté bien connue de la grande majorité de la société impose silence aux passions, et commande l'obéissance de tous aux lois.

Si les lumières actuelles des contribuables payant moins de 200 fr. de contributions directes ne suffisent pas pour leur faire conférer les droits électoraux, dans aucun temps on ne les trouvera suffisantes, attendu qu'il n'est guère possible que les industriels occupés journellement de leurs travaux deviennent jamais plus instruits qu'ils ne le sont en ce moment ; et toujours, dès-lors, sous ce prétexte, on maintiendra dans un état d'ilotisme cette classe de citoyens, la plus précieuse et la plus nombreuse. Cependant, elle paie la plus grande partie des contributions de toute espèce, et particulièrement la contribution du sang, la plus onéreuse de toutes, qu'elle supporte presque à elle seule. On ne saurait conséquemment sans injustice lui refuser le droit de concourir à l'élection de la chambre des députés, l'un des trois pouvoirs chargés de faire des lois relatives à ces contributions.

Il suit de ses observations que la loi électorale pèche par un défaut de justice et de sagesse, en même temps qu'elle est contraire à la charte ; mais, en outre, cette loi implique contradiction avec elle-même, car, alors qu'elle adopte le principe de fortune comme donnant seul le droit d'électeur, elle ne juge pas convenable de l'admettre comme donnant seul le droit de député. Puisque la raison indiquait au législateur que c'est le choix, et non le hasard de la fortune, qui doit faire les députés, il est clair que c'est aussi le choix et non le hasard qu'il devait adopter pour faire des électeurs.

Combien le système d'élection à deux degrés n'est-il pas préférable à celui en vigueur !

Actuellement, c'est le hasard aveugle de la fortune qui fait les électeurs. — Ce seraient les contribuables intéressés qui les nommeraient en parfaite connaissance de cause.

Actuellement, c'est une classe privilégiée et très-circonscrite qui nomme ses députés. — Ce serait la nation par ses représentants qui nommerait les siens.

Actuellement, les députés de cette classe privilégiée sont appelés à défendre ses intérêts. — Ceux de la nation seraient appelés à la défense des intérêts généraux, parce qu'il est, dans les deux cas, de l'essence de ces mandataires, d'agir dans les intérêts qui leur sont confiés.

La fausse voie dans laquelle on est entré par la loi électorale a porté ses fruits, et a conduit irrésistiblement les pouvoirs à déroger à la charte. C'est une grave erreur que croire que ces pouvoirs qui n'existent que par elle peuvent la primer ; ils sont enchaînés à son observation, parce qu'elle constitue le pacte social ; parce qu'ils prêtent tous, avant d'entrer en fonctions, le serment de l'observer ; parce qu'on ne pourrait plus concilier ce serment avec les modifications qui y auraient été faites, et parce qu'elle cesserait d'être une loi fondamentale, si la législature pouvait, par des lois, annuler ses dispositions.

Sous tous ces rapports, la charte doit sans cesse demeurer intacte. Il est donc de sa nature de dominer tous les pouvoirs, et de les guider dans la législation.

Je viens de dire que la fausse voie dans laquelle on est entré par la loi électorale a conduit irrésistiblement les pouvoirs à déroger à la charte ; et j'ai déjà montré que plusieurs dérogations essentielles y ont été commises. Je vais, pour mieux faire connaître encore les inconvénients et les conséquences de cette loi, en rapporter d'autres qui ont également beaucoup d'importance.

La liberté individuelle que l'article 4 de la charte garantit, et qui est la première condition de toutes les sociétés bien organisées, reçoit journellement des atteintes. C'est un fait de notoriété publique, qu'on ne saurait nier. Les arrestations préventives ont été comme érigées en système de gouvernement, puisque la chambre même des députés a repoussé dernièrement une proposition de l'un de ses membres tendant à assurer, par une loi organique, la liberté individuelle.

L'article 7 de la charte dispose : « Les Français ont le droit de publier et de faire imprimer leurs opinions en se conformant aux lois. »

Pour bien apprécier cette disposition, il est bon de rappeler les motifs qui ont fait supprimer les expressions *qui doivent réprimer les abus de cette liberté*, par lesquelles se terminait cet article dans la charte de 1814. M. Dupin aîné, dans son rapport qui a motivé l'adoption de la charte, en date du 6 août 1830, les fait connaître en ces termes : « Nous avons » cru devoir supprimer ces expressions, parce que pendant » longues années une administration malveillante y a trouvé » les prétextes de toutes les lois d'exception qui ont entravé » la presse, et qui l'ont opprimée. »

Une nouvelle ère de la liberté de la presse devait donc alors commencer pour la France, car toutes les lois répressives des abus de cette liberté se trouvaient annulées par l'effet de cette suppression, conformément à l'article 70 de la charte ainsi conçu : « Toutes les lois et ordonnances, en ce qu'elles

» ont de contraire aux dispositions adoptées *pour la réforme de*
» *la charte,* sont *dès à présent annulées et abrogées.* »

Néanmoins, non-seulement on a continué de juger d'après
les lois préexistantes sur cette matière, mais encore on en a
rendu d'autres plus rigoureuses, telles surtout que celles d'intimidation, etc.

Le paragraphe 2 de l'article 7 de la charte s'exprime ainsi:
« La censure ne pourra jamais être rétablie. »

Et cependant on saisit les journaux, on empêche de
jouer des pièces de théâtre, lorsque la police n'en a pas
donné la permission, ou qu'on n'y apporte pas les change-
ments qu'elle a jugés convenables, ce qui équivaut à la censure, et la rétablit.

S'il se rencontre dans les journaux ou pièces de théâtre
des passages immoraux ou attentatoires aux lois, le gouvernement a le droit et le devoir d'en poursuivre les auteurs et
complices; mais là se borne son pouvoir.

L'article 12 de la charte est ainsi conçu : « La personne du
» roi est inviolable et sacrée. Ses ministres sont responsa-
» bles. » Et l'article 69 dit : « Il sera pourvu successivement,
» par des lois séparées, et *dans le plus court délai possible*, aux
» objets qui suivent : 1º .....; 2º la responsabilité des minis-
» tres et des autres agents du pouvoir. »

L'inviolabilité du roi est commandée par l'ordre public; et
cette disposition de la charte est pleine de sagesse. Mais celle
qui la suit, *comme* conséquence nécessaire, veut que la responsabilité pèse sur les ministres.

La loi sur cette responsabilité demeure encore à faire, quoiqu'il se soit écoulé près de huit ans depuis l'époque de la
charte, et quelque urgente et importante qu'elle soit ; en
sorte que les ministres se trouvent inattaquables puisqu'ils ne
peuvent être poursuivis et punis *constitutionnellement* qu'en
vertu d'une pareille loi.

L'article 13 porte : « Le roi fait les règlements et ordon-

» nances nécessaires pour l'exécution des lois, sans pouvoir
» *jamais* ni suspendre les lois elles-mêmes, ni dispenser de
» leur exécution. »

L'article 14 de la charte de 1814 s'exprimait à se sujet en
ces termes : « Le roi fait les règlements et ordonnances né-
» cessaires pour l'exécution des lois *et la sûreté de l'état.* »

Voici comment M. Dupin aîné, dans son rapport, explique le changement que l'on remarque dans ces deux ré-
dactions :

« L'article 14, dans ces derniers temps surtout, était devenu
» le texte des plus étranges et des plus coupables interpréta-
» tions. On affectait d'y voir le siége d'une dictature dont la
» puissance de fait pouvait s'élever au-dessus de toutes les lois.
» Cette doctrine funeste est devenue le prétexte des attentats
» dirigés contre la liberté du peuple français. Déjà le prince,
» lieutenant-général du royaume, avait pris à cet égard une
» généreuse initiative en vous parlant de cet article si odieu-
» sement interprété. Votre commission *a rendu le doute impos-*
» *sible à l'avenir*, et ne retenant de l'article que ce qui doit en
» être conservé dans le juste intérêt d'une prérogative que
» vous voulez non pas anéantir mais seulement régler, tout
» en maintenant la couronne dans le droit incontestable de
» faire les règlements nécessaires pour l'exécution des lois,
» nous avons ajouté que c'était *sans pouvoir* jamais ni suspen-
» dre les lois, ni dispenser aucunement de leur exécution. »

Les ministres, malgré une disposition aussi formelle, ont
mis Paris en état de siége, ainsi que Lyon et les départements
de l'Ouest ; et l'exécution des lois a également été suspendue
dans les affaires relatives aux conspirations de la duchesse de
Berry et du prince Louis Bonaparte.

L'article 28 est ainsi conçu : « La chambre des pairs con-
» naît des crimes de haute trahison et des attentats à la
» sûreté de l'état, *qui seront définis par la loi.* »

La connaissance de ces attentats était donc subordonnée à

l'existence de cette loi, et quoiqu'elle ne puisse être rendue qu'avec le concours des trois pouvoirs, d'après l'article 14 de la charte, cette chambre, qui aurait dû la provoquer depuis long-temps, a connu d'attentats présumés être de cette nature, et a réglé elle-même le mode de procédure.

La loi du 15 mars 1815 disait : « Le dépôt de la charte » constitutionnelle et de la liberté publique est confié *à la fi-* » *délité* et au courage *de l'armée*, des gardes nationales et de » tous les citoyens. »

M. Dupin aîné, rapporteur, s'exprimait ainsi à ce sujet : « Enfin, une cruelle mais salutaire épreuve a fait sentir la né- » cessité de rétablir cette disposition prescrite par l'auteur » même de la charte. Un article additionnel (l'art. 66) expli- » que *que la présente charte et tous les droits qu'elle consacre de-* » *meurent confiés au patriotisme et au courage des gardes natio-* » *nales et de tous les citoyens français.* »

Il est facile de juger de la portée de la suppression, dans cet article de la charte de 1830, des mots *à la fidélité* et *de l'ar-* *mée.*

Mais ce qu'on doit remarquer surtout, c'est le dépôt de la charte confié aux gardes nationales, et cependant une loi donne au gouvernement le droit de les dissoudre. Il est sensible que cette loi est une dérogation à cette disposition, car comment pourront-elles, s'il lui plaît d'user de la faculté de leur dissolution, veiller à la conservation de ce dépôt ? Il faut que leur existence ne puisse jamais cesser, pour qu'elles soient toujours en état de remplir cette mission.

Cette conduite des pouvoirs de l'état, placés uniquement aux mains de l'aristocratie, s'explique naturellement.

L'aristocratie est toujours en proie à la crainte que le sort heureux dont elle jouit ne soit compromis.

Dominés par cette crainte, le ministère et les chambres n'ont pas hésité à constituer le monopole des élections en faveur de la classe riche, à porter des atteintes à la charte, et à resserrer le cercle des libertés publiques. Dans les premiers moments d'enthousiasme pour la révolution de juillet, la multitude mécontente de certains de ces actes, mais qui ne raisonne pas sur la légitimité des moyens d'obtenir la justice, s'est livrée à des excès qui ont dû amener la répression de la part du gouvernement. De ces deux causes sont sorties les lois d'intimidation que l'opinion publique a justement réprouvées. De là, aussi, la persistance qu'on met à maintenir celles en désaccord avec la charte, que j'ai citées, et dont l'effet est de conserver les avantages de la position de la classe aisée, pour laquelle on pourrait croire que la société existe, tant ils sont considérables, puisque, de fait, tous les emplois lucratifs, le maniement des affaires publiques, les distinctions et les honneurs lui sont exclusivement dévolus.

Le défaut de représentation de la démocratie est aussi cause que la France n'a tiré aucun profit de la révolution de juillet, et que les mœurs publiques n'ont fait qu'y perdre.

Les contributions sont devenues toujours plus lourdes, et les réserves sont annuellement absorbées, malgré l'état de paix.

L'argent seul devenant, par l'effet de la loi électorale, la mesure de la considération, tous les moyens pour arriver à la fortune sont mis en usage. La conscience est regardée comme une puérilité. L'on tient un langage et une conduite politiques autres que ceux de toute sa vie. Moyennant salaire, on écrit en faveur de principes qu'on n'a jamais professés. Pour obtenir une place, des électeurs votent pour les candidats ministériels, et des députés en faveur des propositions du gouvernement, telles qu'elles soient. Enfin l'immoralité et la corruption ont pénétré dans les cœurs et gangrené le corps social.

J'ai prouvé qu'il y avait injustice à vouloir que l'aristocratie ait seule des défenseurs dans la législature ; mais pour en faire mieux juger encore, je supposerai que la démocratie fût seule représentée, et disposât de tout ce qui intéresse le plus l'aristocratie, celle-ci crierait avec raison à l'injustice, à la violation des droits. Cependant elle refuse à la démocratie le droit qu'elle veut avoir. Il n'existe qu'une règle de conduite pour tous, c'est de vouloir pour les autres ce qu'on veut pour soi-même.

Tous les hommes de bonne foi conviendront donc que les intérêts de la démocratie doivent avoir des défenseurs naturels dans la chambre des députés, comme l'aristocratie en a dans la chambre des pairs.

Jadis en France le tiers-état était représenté par ses députés dont le consentement était nécessaire pour qu'une loi passât. Aussi, en promulguant les lois, les rois exprimaient-ils que c'était le consentement du peuple qui leur donnait la force de loi, par cette formule : *Lex consensu populi fit, et constitutione regis.*

Ce principe est consacré par les publicistes les plus recommandables.

Montesquieu, parlant, dans son *Esprit des lois*, de la constitution d'Angleterre, s'exprime ainsi : « Comme, dans un état » libre, tout homme qui est censé avoir une âme libre doit » être gouverné par lui-même, il faudrait que le peuple en » corps eût la puissance législative ; mais comme cela est im- » possible dans les grands états, et est sujet à beaucoup d'in- » convénients dans les petits, *il faut que le peuple fasse par ses* » *représentants tout ce qu'il ne peut faire par lui-même.* »

Montesquieu ajoute plus bas ces observations : « Tous les » citoyens, dans les divers districts, *doivent avoir droit de don-* » *ner leur voix pour choisir le représentant,* excepté ceux qui » sont dans un tel état de bassesse qu'ils sont réputés n'avoir » point de volonté propre. »

M. Henrion de Pensey, dans son ouvrage *du Pouvoir muni-cipal,* dit qu'il *faut adopter le gouvernement représentatif et tou-tes ses conséquences, avec franchise ; que ces conséquences ne peuvent échapper à la bonne foi;* et que la plus légère réflexion fera sentir que *le principe vital* de ce gouvernement est que *tous les intérêts,* ceux des communes et des départements, *comme ceux de la nation,* soient représentés.

Les inconvénients attachés au mode actuel d'élection des députés, et que j'ai signalés ; les dispositions de la charte et les autorités que j'ai citées ; enfin la justice distributive , exigent impérieusement l'adoption du système d'élection à deux degrés. Par ce moyen tous les intérêts auront des défenseurs, et trouveront la protection qui leur est due.

Le double degré d'élection, qui résout le problème de la représentation des intérêts généraux, résoudrait encore d'une manière bien simple le problème de la représentation des intérêts des départements, arrondissements et communes. Ce moyen consiste à attribuer le droit aux électeurs de chaque département nommés d'après ce système , de désigner les administrateurs du département ; aux électeurs de chaque arrondissement , de désigner ceux de l'arrondissement ; et aux électeurs de chaque commune, de désigner ceux de la commune. Ces désignations seraient faites en nombre double ou triple des fonctionnaires à nommer, afin que le gouvernement pût choisir parmi ces candidats. Il pourrait ainsi repousser des emplois administratifs ceux d'entre eux qui lui paraîtraient dangereux pour l'ordre public, et les confier à ceux qui lui conviendraient le mieux. Il trouverait, en outre, dans ce nombre, des remplaçants pour les cas de mort ou de démission.

Ce mode de nomination de ces fonctionnaires mérite sans doute la préférence sur celui actuel.

Les ministres, qui ne peuvent tout voir, ni connaître tout le monde, s'en rapportent ou à leurs commis, ou à leurs correspondants, ou aux solliciteurs ; et c'est d'après de semblables éléments qu'ils font au roi leurs propositions de nomination. Les électeurs, au contraire, connaissant parfaitement les personnes qu'ils proposeraient, et ayant le plus grand intérêt à être bien administrés, feraient de bien meilleurs choix.

Ce mode, au surplus, déchargerait le ministère des soins de ces nominations et de la responsabilité qu'elles lui font encourir.

D'ailleurs, il est juste que les départements, arrondissements et communes concourent à la nomination de ces administrateurs, puisqu'ils sont chargés de régir leurs biens.

Je voudrais encore, renonçant au faux principe du hasard dont les jurés tiennent aussi leur mission, donner à ces électeurs le droit de les choisir. Cette belle institution du jury sortirait alors pleinement son effet, car on serait véritablement jugé par ses PAIRS.

Ainsi aucune élection n'aurait lieu directement : elles seraient toutes faites par l'intermédiaire des électeurs. On obtiendrait par ce mode des choix plus satisfaisants, et l'on préviendrait les désordres que des assemblées nombreuses, et nommant sans intermédiaire, pourraient entraîner avec elles. L'on éviterait aussi la fréquence de ces assemblées.

C'est à ce système de représentation, système que je soumets à la bonne foi, que l'on pourrait, à juste titre, appliquer ces paroles de M. Henrion de Pensey : « Alors tous les pouvoirs, » émanés de la même source, assis sur la même base, seront » dans le plus parfait accord, et formeront un faisceau indes- » tructible. De cette manière le pouvoir sera aux mains des » habitants les plus notables qui, livrés à l'agriculture ou » au commerce, ont le plus d'intérêt au maintien de l'ordre, » et le plus d'influence sur ceux qui pourraient vouloir le » troubler. » Qu'il me soit permis d'ajouter, après le mot *notables*, ceux-ci : *et les plus vertueux*, car la vertu, reléguée en quelque sorte par nos lois qui ne font aucune part au mérite, serait d'un grand poids dans l'œuvre de tous ces choix.

Tous les autres moyens pour arriver à une véritable représentation porteront toujours à faux, quels qu'ils soient ; ils ne reposeront pas sur des bases fixes avouées par la justice et la raison. Ces bases ne se trouvent que dans ce qui est vrai dans tous les temps et dans tous les lieux. Hors de là il n'y aura jamais qu'incertitude, erreur et changement, et aucune mesure ne pourra obtenir un crédit général et permanent.

Les conséquences de l'adoption de ce système auraient plus d'importance qu'on ne peut le penser.

Alors, seraient réalisés les principes de souveraineté nationale, de représentation nationale, d'égalité en droit devant la loi, de justice distributive et de morale publique.

Alors, le besoin que les grands auraient des petits, pour être nommés électeurs, les en rapprocherait, produirait des liens bien intéressants entre eux, et répandrait partout des sentiments de fraternité. Ce grand bienfait pour l'humanité finirait par gagner le cœur de toutes les classes de citoyens.

Alors, les députés, étant l'expression du vœu général, ne viseraient qu'aux intérêts généraux qui seraient ceux de leurs commettants.

Alors, le civisme, qui ne peut naître et se nourrir que de la participation à l'exercice des droits civiques, remplacerait le vil égoïsme qu'enfante la privation de ces droits. A l'espèce d'indifférence dans laquelle tombent ceux qui n'ont aucune part à l'administration des affaires publiques, indifférence qui peut avoir, dans certaines circonstances, les résultats les plus fâcheux, l'on verrait succéder un esprit public qui deviendrait le germe de toutes les grandes actions et du dévouement le plus entier à la patrie. Tous les Français, concourant à la confection des lois et à l'administration des affaires publiques par la nomination des électeurs, regarderaient, comme étant leur propre ouvrage, les lois, ainsi que les actes des autorités administratives, et s'attacheraient à leur observation.

Alors, le gouvernement, véritablement appuyé sur la nation, saurait faire respecter la France au dehors. Retrempé qu'il serait dans l'esprit public, sa marche à l'intérieur en serait plus majestueuse et plus assurée, parce que, dégagé de toutes les entraves d'une politique méticuleuse et artificieuse, il ne rencontrerait aucune opposition, et serait aidé, dans tous ses desseins pour le bien public, par les efforts de tous pour lui faire atteindre son but.

Alors, les Français ne formeraient qu'une famille de frères dont l'accord et l'union ne pourraient jamais être altérés.

FIN.

Juin 1838.